不要独断

[英] 亚尼内·阿莫斯 / 著　　[英] 安娜贝尔·斯彭斯利 / 绘
[英] 雷切尔·安德伍德 / 幼教顾问　　贾洪宝 / 译

写在前面的话

大家的想法难免会产生分歧,如果一个人想让其他人都按照自己的意思去做,就会导致矛盾。遇到这种情况时,大家可以一起寻找办法来解决问题。下面这些步骤会对你们有所帮助:

1 让每个人都说出自己的感受。

2 找出存在的问题。

3 讨论一下解决问题的不同方法。

4 选择一种大家都能接受的解决方法。

这本书中,孩子们通过商量解决了问题。读一读,学学他们解决问题的方法吧!

探险游戏

利亚姆、迈克尔、艾丽斯和霍利正在玩探险游戏，他们想象着自己正要穿过热带雨林。

"我们走那条路！"利亚姆对大家说，"现在假装由我带着你们穿过丛林，那儿从来没有人走过。"

迈克尔、艾丽斯和霍利跟着利亚姆往前走。

"现在,我们的前方是一条大河!"利亚姆告诉大家,"我们要渡过去。"

"怎么过呢?"艾丽斯问。

"我们做个木筏子!"利亚姆回答,"假设我们都有斧头,要先砍些树。大家一起动手。"

"我们不能砍树！"艾丽斯说，"那样动物就没有地方生活了。"

"她说得对！"霍利说。

"我们只能砍树,就砍几棵,做个木筏子。我们必须过河!"利亚姆说。

"不!"艾丽斯坚决不同意。

"我是头儿,我们必须这么做,一定要渡过河去!"利亚姆喊道。

"你不能强迫我们做事!"艾丽斯大声说,"这也是我们几个人的游戏!"

艾丽斯盯着利亚姆。

利亚姆的脸涨得通红,他觉得自己快要气爆了。"我不玩了!"他喊道。

利亚姆转过身背对着伙伴们,他非常生气,眼睛里全是泪水。

霍利跑去找凯茜老师帮忙。
"利亚姆哭了。"霍利告诉老师。
凯茜老师跟着霍利走到大家面前。
"你们能告诉我出了什么问题吗?"凯茜老师问。

"利亚姆非得让我们砍树。"霍利解释道。
"我们不想砍,砍树是错误的行为。"艾丽斯说。

"我们需要做一个木筏子渡过前面的大河!"利亚姆抽泣着说,"我是探险队的队长,我知道该怎么办!"

"是的。"凯茜老师说,"可是探险队很需要一个大家都喜欢的计划。其他人有没有别的过河办法?"

"我们可以游泳!"霍利说。
"那样太危险了,河里有鳄鱼!"利亚姆警告道。

"我们可以攀着树藤过去。"艾丽斯建议。
利亚姆很喜欢这个建议,他露出了笑容。

"大家都喜欢这个主意吗?"凯茜老师问。

"是的。"利亚姆、迈克尔、艾丽斯、霍利齐声喊道。

大家又开心地玩起来。

制作故事书

  大家正在制作故事书,两个人一组合作。
  "一个人负责写故事,"凯茜老师说,"另一个人负责为故事画插图。"
  汤姆和迈克尔要制作一本关于恐龙的故事书。
  "我来写!"汤姆说,"我要写霸王龙的故事。"
  "我来画!"迈克尔说。

迈克尔拿起粗画笔，开始画恐龙。

"不是那儿！"汤姆说，"要靠上一点儿画。"汤姆指了指他认为应该画恐龙的地方。

"好吧！"迈克尔说着，重新开始画。

"你应该把它的腿画得粗壮一些、长一些。"汤姆一边看迈克尔画画一边说,"霸王龙的腿很长呢。"
　　"唉,好吧!"迈克尔叹了口气,他用绿色的画笔把恐龙的腿描得又粗又长。

汤姆开始编故事。

"现在怪兽出现了,"他大声说,"霸王龙和怪兽相遇了。"

迈克尔认真地把怪兽画在背景里。

"不!"汤姆说,"不是这样画,它们正要打架。"
汤姆抓起棕色画笔,想在霸王龙的旁边再画一头怪兽。

"你让开!"迈克尔拦住了汤姆,并厉声说道,"我负责画插图,你怎么总是指手画脚的!"

"它们必须打起来,故事是这样写的!"汤姆说。

迈克尔用手盖住插图,汤姆紧紧抓住他写的那页纸,两个人合作不下去了。

"还剩十分钟!"凯茜老师对全班同学说,"到时候,我们来看看大家的作品。"

"再这样下去,我们会完不成作业的。"汤姆说。

"没错,如果那样,我们拿不出作业给大家看。"迈克尔也同意。

两个人安静下来。

"我需要一幅恐龙大战怪兽的插图。"汤姆说。

"我觉得现在这幅画就挺好的。"迈克尔说,"为什么不把大战放在下一页?"

"好吧!"汤姆同意了。

汤姆开始在新的一页写起了故事。
迈克尔画了一幅激烈的恐龙大战怪兽图。

快下课了,老师请每个小组轮流展示作业。汤姆和迈克尔的作品受到了大家的欢迎。

"你们喜欢一起做作业吗?"下课后,凯茜老师问他们。

"开始时有些困难,但我们解决了。"迈克尔回答。

学会解决问题

做自己喜欢的事情时,你会希望一切都照自己的想法进行,不太容易采纳别人的建议。当合作者也有自己的想法时,你们就会发生争执。

　　如果有了争执，不要一意孤行，应该让大家都说出各自的想法，并认真讨论一下，弄清楚该怎样做。

图书在版编目（CIP）数据

不要独断 /（英）阿莫斯著；贾洪宝译 . — 北京：知识产权出版社，2016.1

（我能管好自己）书名原文：Why be bossy？

ISBN 978-7-5130-3303-9

Ⅰ.①不… Ⅱ.①阿… ②贾… Ⅲ.①品德教育 — 儿童教育 — 家庭教育 Ⅳ.① G78

中国版本图书馆 CIP 数据核字 (2015) 第 013663 号

First published in the United Kingdom by Cherrytree Books, 2000
Copyright©Evans Brothers Ltd.
This edition published under licence from Pila Books Limited.
This edition is only available for sale in Mainland China.

责任编辑：李 潇	责任校对：谷 洋
装帧设计：于 静	责任出版：刘译文

我能管好自己 ⑭

不要独断

［英］ 亚尼内•阿莫斯 著　　［英］ 安娜贝尔•斯彭斯利 绘

［英］ 雷切尔•安德伍德 幼教顾问

贾洪宝 译

出版发行：知识产权出版社有限责任公司	网　　址：http://www.ipph.cn
社　　址：北京市海淀区马甸南村 1 号	邮　　编：100088
责编电话：010-82000860 转 8133	责编邮箱：elixiao@sina.com
发行电话：010-82000860 转 8101/8102	发行传真：010-82000893/82005070/82000270
印　　刷：北京中科印刷有限公司	经　　销：各大网上书店、新华书店及相关专业书店
开　　本：787mm×1092mm　1/16	字　　数：40 千字
版　　次：2016 年 1 月第 1 版	印　　张：2
ISBN 978-7-5130-3303-9	印　　次：2016 年 1 月第 1 次印刷
京权图字：01-2015-0593	定　　价：9.00 元

出版权专有 侵权必究
如有印装质量问题，本社负责调换。